A GUIDE TO CHINESE SATIRE, HUMOR AND COMEDY

《讽刺与幽默》

PART 2

YUMENG XU

徐雨萌

ACKNOWLEDGEMENT

I would like to express my heartfelt gratitude to all those who have inspired me to write this book.

First and foremost, I am deeply thankful to the many experts, scholars, and researchers in the field of Chinese literature and culture for their invaluable insights and guidance. Their dedication to preserving and promoting Chinese satire and humor has been a source of inspiration and learning for me throughout the writing process.

I am also grateful to the many individuals who have shared their personal stories, experiences, and perspectives on Chinese satire and humor. Their unique viewpoints have enriched the content of this book and provided a deeper understanding of the nuances and complexities of Chinese humor.

Furthermore, I would like to acknowledge the support and encouragement of my family, friends, and colleagues. Their unwavering belief in my abilities and constant encouragement have been essential in helping me complete this project.

Thank you all.

INTRODUCTION

Welcome to the book series on Chinese Satire and Humor (讽刺与幽默)! Whether you're a beginner or an advanced learner of Mandarin Chinese, this series is designed to introduce you to the rich and diverse world of Chinese humor and satire.

Through numerous short essays and stories, the book series aims to help you understand and appreciate the unique qualities of Chinese humor and satire. You'll discover how these forms of expression have evolved over time, and how they reflect the values, beliefs, and social norms of Chinese society.

Each book in this series is written in simplified Chinese characters, making it accessible to all types of readers. A range of topics and themes have been carefully selected to ensure that there's something for everyone, regardless of your language proficiency or cultural background.

As you read through these essays and stories, I hope that you'll not only learn more about Chinese humor and satire, but also gain a deeper understanding of Chinese language and culture. So, let's embark on this exciting journey together and explore the world of Chinese satire and humor!

CONTENTS

第一章：搞笑女神的"神迹"

在繁华的都市中，流传着一位"搞笑女神"的传说。她并非出身名门，也没有惊世骇俗的美貌，却凭借一己之力，在朋友圈、社交媒体上掀起了一场场令人捧腹的"搞笑风暴"。

这位女神，名叫笑笑，人如其名，总是能在不经意间逗得大家前仰后合。她的搞笑方式，既非低俗恶搞，也非刻意卖萌，而是一种难以言喻的"自然流露"。每当她开口，无论是吐槽工作琐事，还是分享生活趣事，总能让人忍俊不禁，甚至笑出眼泪。

然而，笑笑的"搞笑事业"并非一帆风顺。某日，她心血来潮，决定举办一场"搞笑女神"线下见面会，邀请了一群志同道合的朋友前来助阵。原本以为会是一场欢声笑语的盛宴，结果却因场地、设备、流程安排等一系列问题，搞得现场一片混乱。

笑笑却不以为意，她站在台上，拿起麦克风，用她那独特的幽默感，硬是把这场"灾难"变成了一场即兴喜剧表演。她调侃自己的失误，嘲笑朋友的糗事，甚至还不忘自嘲一番，引得现场观众捧腹大笑，连原本一脸愁容的工作人员也忍不住笑了出来。

这场见面会，虽然在外人看来是一场"搞笑灾难"，但在笑笑和她的朋友们心中，却是一次难忘的欢乐时光。他们相信，只要心中有笑，生活就永远不会缺乏乐趣。

然而，笑笑的"搞笑事业"并未因此止步。她开始在各大社交媒体上发布自己的搞笑视频，从日常生活的小确幸到社会现象的讽刺，她的作品总能触及人心，引发共鸣。她的粉丝数量也如雨后春笋般迅速增长，成为了名副其实的"搞笑女神"。

但笑笑深知，自己并非真正的"女神"，只是一个热爱生活的普通人。她用自己的方式，传递着快乐，也收获着快乐。她相信，生活虽然充满了挑战和困难，但只要保持一颗乐观向上的心，就能找到属于自己的那份欢乐。

于是，笑笑继续着她的"搞笑事业"，用她的幽默和智慧，为这个世界增添了一抹独特的色彩。而她的"神迹"，也在这片繁华的都市中，悄然绽放，成为了人们心中最温暖的记忆。

第二章：动物园里的"高手"大会

在一个风和日丽的下午，动物园里迎来了一场别开生面的"高手"大会。这场大会是由一只自认为聪明绝顶的鹦鹉发起的，它决定邀请园中的各位动物朋友，展示一番各自的"独门绝技"，让大伙儿瞧瞧谁是真正的"高手"。

大会在一片郁郁葱葱的草地上拉开帷幕，鹦鹉站在一根高高的树枝上，清了清嗓子，大声宣布："各位，今天我们要举行一场高手大会，看谁能夺得'高手之王'的称号！谁先来？"

话音未落，一只猴子嗖的一声跃上了树枝，它拍了拍胸脯，自信满满地说："我先来！看我的'摘桃绝技'！"说完，它嗖嗖嗖几下就攀上了一棵桃树，摘下一个桃子，津津有味地吃了起来。大家看得目瞪口呆，纷纷鼓掌。

这时，一只大象慢悠悠地走了过来，它用鼻子卷起一块巨大的石头，轻轻一举，便放到了远处。大象得意地说："哼，这点小把戏算什么？看我的'举重神功'！"大家看得连连惊叹，心想这大象力气可真大。

接着，一只孔雀开屏了，它骄傲地展示着自己五彩斑斓的羽毛，说："美丽也是一种实力，看我的'炫美大法'！"大家被它的美丽所吸引，纷纷赞叹不已。

就在这时，一只老鼠悄悄溜了出来，它偷偷摸摸地跑到一块奶酪旁，正准备开吃，却被一只猫发现了。猫猛地扑了上去，老鼠灵活地一闪，躲开了猫的攻击。老鼠得意地笑了笑，说："哈哈，看我的'躲猫猫绝技'！"大家被这一幕逗得哈哈大笑。

最后，一只蜗牛慢悠悠地爬了出来，它说："我虽然动作慢，但我有恒心。看我的'蜗牛速度'！"说完，它便开始慢慢地爬行。大家看得有些不耐烦，但蜗牛却坚持不懈，终于爬到了终点。大家被它的毅力所感动，纷纷为它鼓掌。

鹦鹉看着大家的表现，心中暗自得意，它觉得这场大会真是精彩绝伦。于是，它宣布："好了，各位高手都展示了自己的绝技，现在我们要评选出'高手之王'了！"

然而，就在这时，一只老鹰从天而降，它一把抓起那只得意洋洋的鹦鹉，飞向了天空。老鹰在天空中盘旋了几圈，然后扔下了鹦鹉，说："哼，你们这些小家伙，还想称王称霸？看我才是真正的'高手之王'！"

大家看着被摔得晕头转向的鹦鹉，纷纷摇头苦笑。这场"高手"大会最终以一场闹剧收场，但动物园里的动物们却因此度过了一个充满欢声笑语的下午。

第三章：逗趣狗界风云录

话说在当今繁华的都市中，有一群特殊的居民，它们既非人类，也非普通的宠物，而是自封为"逗比狗狗"的神奇生物。这群小家伙，个个身怀绝技，每日里上演着一出出令人捧腹又啼笑皆非的大戏。

有一只名叫"阿呆"的小狗，以其独特的"呆萌"气质，在狗界迅速走红。阿呆的日常，就是对着镜子中的自己傻笑，仿佛在说："看，这世界上还有比我更帅的吗？"每当主人拿出零食，阿呆总能以一种夸张的"饿狼扑食"姿势，却因计算失误常常扑空，引得家人哈哈大笑。

而阿呆的好友"小机灵"，则是个十足的"戏精"。每当主人不在家，小机灵便化身为"侦探狗"，四处搜寻隐藏的零食，一旦发现目标，便上演一场"智斗主人"的好戏。只见它小心翼翼地用爪子推开柜子门，再用鼻子轻轻顶出零食，整个过程如行云流水，却总在关键时刻被主人突如其来的开门声吓得屁滚尿流，让人忍俊不禁。

更有一只名叫"学霸"的小狗，虽然名字听起来文绉绉的，实则是个十足的"学渣"。每当主人拿起书本，学霸便在一旁装模作样地啃着书页，其实心里早已飞到九霄云外。但当主人一放下书本，学霸立刻精神抖擞，仿佛在说："看书多没意思，还是陪我玩吧！"

这群逗比狗狗们，不仅在日常生活中闹出了不少笑话，还时常"抱团取暖"，共同对抗来自外界的"威胁"。比如每当有陌生的狗狗靠近，它们便会迅速集结，摆出一副"我们人多势众，你敢来试试"的架势，结果往往是自己先被彼此的滑稽模样逗得前仰后合，敌人早已吓得落荒而逃。

在这个充满欢声笑语的"逗比狗狗"世界里，每一天都上演着不同的故事。它们用自己的方式，为人类的生活增添了一抹亮色，也让我们明白，快乐其实很简单，有时候，只需要一只逗比狗狗的陪伴就足够了。

第四章：呆萌兽奇遇记

话说在遥远的呆萌森林，生活着一种神奇的生物——呆萌兽。它们体态圆润，眼神迷离，总是带着一副"世界与我何干"的悠然自得。呆萌兽不仅模样讨喜，还拥有一项绝技：能让遇见它们的生物，无论心情多么烦躁，都会瞬间变得心平气和，甚至嘴角上扬。

某日，呆萌森林迎来了一位不速之客——一位名叫张大的探险家。张大带着满腔热血和无数装备，誓要揭开呆萌森林的神秘面纱。然而，当他踏入这片神奇的土地，却意外地与一只呆萌兽不期而遇。

张大初见呆萌兽，心中不由得升起一股好奇。这生物究竟是何方神圣？为何长得如此讨喜？他小心翼翼地靠近，生怕惊扰了这份宁静。呆萌兽似乎感受到了张大的善意，缓缓转过头，用它那双迷离的眼睛与他对视。

就在这一瞬间，张大感觉一股暖流涌上心头，所有的疲惫和烦躁都烟消云散了。他忍不住伸手摸了摸呆萌兽的头，软软的毛发让他心生欢喜。呆萌兽也不躲闪，反而闭上了眼睛，享受着这份来自陌生人的关爱。

随着时间的推移，张大与呆萌兽之间建立起了深厚的友谊。他带着呆萌兽穿梭于森林之间，见识了各种奇妙的生物和风景。而呆萌兽则用它那独特的魅力，为张大化解了一次又一次的危机。

然而，好景不长。当张大决定离开呆萌森林时，他发现自己已经深深地爱上了这里的一切。特别是那只陪伴他度过无数欢乐时光的呆萌兽，更是让他难以割舍。

在分别的那一刻，张大紧紧抱住呆萌兽，泪水在眼眶里打转。呆萌兽似乎感受到了张大的不舍，用它那温暖的身体给予回应。最终，在一声声深情的告别中，张大踏上了归途。

的美好和无限可能。在这个快节奏的社会中，他们像一股清流，让人们在忙碌之余也能感受到一丝温暖和欢乐。

或许，正是这份纯真和乐观，让逗比青年成为了这个时代最独特的风景线。他们用自己的故事告诉我们：无论生活多么艰难，只要保持一颗逗比的心，就能找到属于自己的快乐和幸福。

第六章：逗比侯轶事

话说天下之大，无奇不有，今有一侯，名曰逗比，非但名奇，行事更是令人捧腹。此侯生于富贵之家，自幼便不知人间疾苦，唯以逗乐众生为乐事。

一日，逗比侯闲来无事，突发奇想，欲在家中举办一场"颠倒大赛"。何为颠倒？便是将家中一切物事皆颠倒其位，如桌椅倒置，杯盘狼藉，以观家人反应。家人初时愕然，继而哭笑不得，唯有逗比侯一人拍手大笑，乐不可支。

又一日，逗比侯听闻城外有一奇人，能以鼻吹笛，声如天籁。逗比侯心生好奇，遂命人将其请来，欲一睹为快。奇人至，果然技艺非凡，鼻吹笛声，悠扬动听。逗比侯听罢，却突发奇想，命人取来一根大葱，谓奇人曰："汝既能以鼻吹笛，何不试试以鼻吹葱？"奇人愕然，哭笑不得，然逗比侯执意如此，众人亦无可奈何。只见奇人勉强将大葱塞入鼻孔，用力吹之，结果葱汁四溅，逗得众人前仰后合，唯有逗比侯一人捧腹大笑，几欲岔气。

更有甚者，逗比侯某日突发奇想，欲将自己装扮成一只大熊，于街头巷尾游走，以观路人反应。家人劝阻无果，只得任由其胡闹。于是，逗比侯身披熊皮，头戴熊帽，于市井之间蹒跚而行。路人初见，皆大惊失色，继而发现乃是一人装扮，遂纷纷围观，指指点点，笑语连连。逗比侯见状，更是得意忘形，于人群中翻滚跳跃，引得众人哄笑不已。

逗比侯之行事，虽多有荒诞不经之处，然其心地善良，乐于助人，每遇贫苦之人，必慷慨解囊，相助一二。故虽其行为逗趣，然人皆爱之，敬之。

阿呆从泡泡里出来后，先是愣了一下，随即也跟着大家笑了起来。他挠挠头，不好意思地说："看来我的发明还有待改进啊！"众人听后，更是笑得前仰后合。

从此以后，阿呆的呆萌事迹在呆萌镇上广为流传，成为了大家茶余饭后的笑谈。而阿呆呢，也并没有因为这次失败而气馁，反而更加热衷于发明创造。他说："只要心中有梦想，呆萌鬼也能创造奇迹！"

就这样，呆萌鬼阿呆在呆萌镇上继续着他的呆萌生活，用他的呆萌为镇上的居民们带来了无尽的欢乐与笑声。而呆萌镇也因为有了阿呆这样的呆萌鬼，变得更加生动有趣、充满活力。

第十章：逗比仙的修仙日常

在遥远的东方，有一座名为"逗趣山"的灵山，山上住着一群以逗比著称的修仙者。他们不同于常规的修仙者，追求的并非长生不老或飞升仙界，而是如何在修仙的道路上，保持一颗逗比的心，让生活充满欢声笑语。

在这座山中，最出名的逗比修仙者莫过于"逗比仙"。逗比仙之所以得名，并非因为他修为高深，而是因为他总能做出一些让人捧腹的事情。比如，他会将修炼用的丹药当作糖豆吃，还美其名曰"炼丹如炒豆，一口一个香"；又或者在修炼时突然跳起舞来，说是"修炼也要有节奏感"。

一日，逗比仙听闻山中有一处神秘的"仙灵泉"，泉水能助人修为大增，便决定前往寻找。他一路蹦蹦跳跳，嘴里还哼着小曲，完全不像是在寻找修仙圣地，倒像是在郊游。

经过一番波折，逗比仙终于找到了仙灵泉。只见泉水清澈见底，周围仙气缭绕，果然非同凡响。逗比仙兴奋地脱下鞋子，准备跳入泉水中修炼。然而，就在这时，他突然想起了一个问题："这泉水这么清澈，里面会不会有鱼呢？要是有鱼的话，我跳下去岂不是会踩到它们？"

想到这里，逗比仙决定先观察一下。他蹲下身子，仔细盯着泉水看了一会儿，果然发现了几条小鱼在水中游来游去。于是，他突发奇想，决定用修炼用的灵气来逗鱼玩。他轻轻一挥手，一股灵气便化作一道水柱，将小鱼们逗得四处逃窜。

逗比仙见状，笑得前仰后合，完全忘记了寻找仙灵泉的初衷。他就这样在泉边玩了一整天，直到夕阳西下，才依依不舍地离开。当然，他并没有因为这次逗鱼而修为大增，反而因为过于放松，导致修为略有下降。但逗比仙却毫不在意，他说："修仙嘛，最重要的是开心！只要心中有逗比，处处都是修仙地！"